1.ª edición. Enero 1992. 12.000 ejemplares

Josemaría
Escrivá de Balaguer:
UN HOMBRE DE DIOS

EDICIONES PALABRA
Madrid

Castellana, 210. 28046 Madrid

Cubierta: José Luis Saura
Producción: Francisco Fernández

Con Licencia eclesiástica
Printed in Spain
ISBN: 84-7118-798-1
Depósito legal: M. 1.255-1992

Anzos, S. A. - Fuenlabrada (Madrid)

Mons. Juan Hervás Benet
P. Silvestre Sancho Morales, O.P.

Josemaría Escrivá de Balaguer: UN HOMBRE DE DIOS

Testimonios sobre el Fundador del Opus Dei

PRÓLOGO

Poco después del fallecimiento del Venerable Siervo de Dios Josemaría Escrivá (26 de junio de 1975), la Postulación del Opus Dei procuró recoger, de la manera más exhaustiva posible, los testimonios de cuantos le habían conocido, especialmente los de aquellos con quienes había mantenido un largo trato de amistad. No fue una tarea fácil. Por la amplia extensión de su labor apostólica, Josemaría Escrivá de Balaguer trató durante su vida a numerosas personas, de condiciones muy diversas. Muchas de estas personas consideraron como un deber de justicia escribir —en la presencia de Dios y por amor a la verdad— el relato de su trato con el Fundador del Opus Dei, y manifestar su juicio personal acerca de la santi-

---

N. del E. Los testimonios que se publican en esta Colección reproducen íntegramente el texto original, autenticados ante Notario. Sólo se ha cambiado en algunos el término *socios* por el de *miembros,* y también el de *Asociación* por el de *Institución,* porque cuando se escribieron esos documentos el Opus Dei era *de derecho* un Instituto Secular; tenía, por tanto, carácter asociativo. Actualmente esta terminología no responde a la figura real de la Prelatura del Opus Dei.

dad de vida que apreciaron en él. Ya entonces estaba «rodeado de una notoria fama de santidad».

Concluido ya el Proceso sobre la vida y virtudes de Josemaría Escrivá de Balaguer y conocida la decisión de la Santa Sede de proceder a su Beatificación, la Vicepostulación del Opus Dei en España —atendiendo a numerosas peticiones— ha decidido editar algunos de estos documentos. La selección resulta difícil, ya que todos son valiosos y dan fe —desde distintos puntos de vista— de su vida santa. Hemos considerado oportuno publicar ahora testimonios escritos *ad futuram memoriam* por personalidades de la vida eclesiástica española que trataron, durante muchos años y con asiduidad, al Fundador del Opus Dei. Ellos son testigos privilegiados del modo en que practicó las virtudes cristianas y, en particular, de uno de los rasgos característicos de su personalidad: el amor «a la Iglesia con toda la fuerza de su corazón sacerdotal». Esperamos que estos textos —al revivir la profunda huella que dejó en tantas almas el trato con el Venerable Siervo de Dios— transmitan también a los lectores algo del amor de Dios y el amor a los hombres que caracterizó su vida.

Benito Badrinas
Vicepostulador de la Causa de Canonización
de Mons. Josemaría Escrivá de Balaguer

MONS. JUAN HERVÁS BENET

Mons. Juan Hervás Benet nació el 30 de noviembre de 1905 en Puzol (Valencia). Cursó sus estudios sacerdotales en el Seminario de Valencia y posteriormente se doctoró en los dos Derechos en la Universidad de Friburgo (Suiza). Ordenado sacerdote el 17 de junio de 1929. Entre 1932 y 1936 fue profesor de la Casa del Consiliario de la Acción Católica, en Madrid. Fue consagrado Obispo auxiliar de Valencia el 23 de abril de 1944. El 30 de octubre de 1946 fue nombrado Obispo Coadjutor de Mallorca, con derecho a sucesión, y un año después, Obispo residencial de esa diócesis. El 7 de enero de 1949 nacieron, con el apoyo de Mons. Hervás, los Cursillos de Cristiandad, que rápidamente se extendieron por España y, a partir de 1953, por el mundo entero. El 15 de mayo de 1955 hizo su entrada en Ciudad Real como nuevo Obispo y Prior de las Órdenes militares. Participó en el Concilio Vaticano II como miembro de la Comisión preparatoria de Liturgia, de la Comisión de Sacramentos y del *Consilium* para la aplicación de la Constitución Pastoral sobre la Liturgia. Se le aceptó la dimisión como Obispo de Ciudad Real el 30 de septiembre de 1976. Falleció el 6 de junio de 1982.

El testimonio de Mons. Hervás sobre el Venerable Siervo de Dios refiere la relación de una amistad de cuarenta años. El resumen, en unas pocas páginas, de un trato tan largo y profundo, será por necesidad incompleto, pero tiene la gran riqueza de ser la narración de un testimonio directo.

TESTIMONIO SOBRE EL FUNDADOR DEL OPUS DEI

INTRODUCCIÓN

Desde que tuve noticia del fallecimiento de Monseñor Josemaría Escrivá de Balaguer, ocurrido el 26 de junio de 1975, nació en mi interior el deseo ferviente de que la Iglesia lo pudiera contar pronto entre sus hijos elevados a la gloria de los altares. Este deseo estaba movido por mi firme convicción de que su vida fue una vida santa, en la que se mostraron, de manera heroica, muchas y muy importantes virtudes. He podido además comprobar que esta persuasión no sólo era mía, sino que estaba compartida tanto por multitud de fieles de la Diócesis-Priorato de Ciudad Real, de la que soy Obispo desde hace más de veinte años, como por otros muchos creyentes de todo el mundo.

Todo ello me llevó en su día a postular al

Santo Padre la apertura de la Causa de Beatificación y Canonización de Monseñor Josemaría Escrivá de Balaguer y Albás. Pero posteriormente he decidido poner por escrito mis recuerdos sobre su persona y virtudes con el expreso deseo de que puedan servir como el testimonio que yo, Juan Hervás y Benet, Obispo-Prior de las Órdenes Militares, aporto a esa Causa de Beatificación y Canonización, el día que la Santa Sede decida iniciarla. Ruego a Dios que así se determine con presteza, persuadido de que la feliz resolución de esta Causa, al poner en evidencia las maravillas que Dios ha obrado en su siervo, dará a Dios Nuestro Señor la gloria que a Él sólo se debe; y concederá al Pueblo de Dios el gozo y la seguridad de tener un nuevo intercesor en el Cielo.

UN NUEVO INTERCESOR EN EL CIELO

La muerte santa de Monseñor Escrivá de Balaguer produjo en mí una enorme sensación de vacío. Yo había estimado en mucho su amistad, siempre, desde que le conocí allá por los años treinta; pero nunca me había parado a considerar hasta qué punto *mi* amigo Josemaría era algo *tan mío*, tan próximo a mí, que su desaparición me dejaba tan herido. Hasta entonces siempre había podido contar con él cuando le necesitaba. Eso ya no era posible. Fue un sentimiento de vacío, como digo, y en cierto sentido de orfandad que sólo se serenó cuando se fue abriendo paso en mí la convicción de que se trataba de una pérdida aparente, puesto que ahora desde el Cielo me ayudaría en mis necesidades, como lo hizo en la tierra, sólo que con mayor eficacia sobrenatural.

Poco después caí en la cuenta de que el sentimiento experimentado por mí se había dado por igual en todos los que le habíamos conocido en vida: diocesanos míos, sacerdotes y laicos miembros del Opus Dei, a los que vi y con los que conversé, todos estábamos en igual situación espiritual. Pero comprobé que de esos mismos sentimientos participaban también, en diversos grados, otros fieles que no le habían tratado, o que ni siquiera habían tenido relación con las labores apostólicas del Opus Dei pero que habían leído sus escritos y habían visto un programa especial de Televisión que transmitió imágenes tomadas un año antes, durante una de sus amplias catequesis realizadas en América. En los ambientes que yo conocía había una consternación general: un corazón que hacía tanto bien en la tierra a la Iglesia, había dejado de latir. Y junto a esto la seguridad de que tenían un nuevo y poderoso intercesor junto al Señor en el Cielo. El sentimiento por la muerte de Monseñor Escrivá de Balaguer tuvo, como digo, una extensión eclesial.

CARIDAD HEROICA

Reflexionando sobre estas cosas, me sentí movido a escribir un breve artículo para la revista «Cursillos de Cristiandad», que se publicó en el mes de septiembre de 1975. En ese escrito abría mi alma, como Consiliario Nacional, a todos los fieles que participaban de este movimiento de Cursillos de Cristiandad, rindiendo un homenaje público de gratitud y admiración hacia aquel gran corazón, que tanto bien me había hecho a mí y a tantos y tantos hombres y mujeres, a la Iglesia en definitiva, durante el curso de su vida.

Pero, además, quise destacar en el artículo a que me refiero, lo que considero la principal característica de su persona, la más destacada nota de su santidad: su caridad inmensa, aquel don, que Dios le había dado y que él hizo eficaz por su correspondencia heroica, de amar a cuantos encontraba en su camino, acogiéndolos, comprendiéndolos. Monseñor Escrivá de Balaguer estaba siempre abierto a recibir los problemas e inquietudes de los hombres; llegaba de inmediato a la intimidad del corazón ajeno para consolarlo, animarlo, fortalecerlo o, si era preciso, para hacerlo despertar del mal sueño de la tristeza, del egoísmo. Tenía el don de calar en lo hondo.

Considero que esta cualidad era una clara manifestación del gran amor de Dios que ardía en su alma. Parafraseando el texto de San Juan, se podía afirmar que quien ama de tal modo a su hermano a quien ve, no es posible que no ame intensísimanente a Dios, aunque no lo vea. Ante su ejemplo se entendía con más claridad que «si nosotros nos amamos mutuamente, Dios permanece en nosotros y su amor en nosotros es perfecto» (*1 Ioh* 4, 12).

AMOR A LA IGLESIA Y AL PAPA

Esta actividad de apertura constante a las inquietudes de los demás por Dios adquirió su plenitud, o por mejor decir, se totalizó siempre en su modo de amar a la Iglesia. Su veneración y su cariño verdaderamente filial al Papa era la manera de materializarlo; lo mismo que su afecto y trato cordial con los numerosos Cardenales y Obispos que conoció.

Como es natural, y más en Monseñor Escrivá de Balaguer, cuya misión en la Iglesia estuvo marcada por el sello de la comprensión de los problemas del laicado, esta capacidad de atender a todos no se limitaba a la Jerarquía, sino que llegaba igualmente a los seglares, fuera la que fuese su condición. Yo he tenido ocasión de viajar por países americanos, poco después del paso por ellos de Mons. Escrivá, y he comprobado directamente el impacto que en tantas personas había dejado su palabra, sus atenciones, su gesto para todos amistoso, su conversación amable.

También he tenido ocasión de ver alguna de las películas tomadas durante las reuniones que allí tuvo con millares de personas, y me he emocionado al verle llegar hasta el centro de las preocupaciones personales que le daban a conocer algunos de los asistentes. Es admirable ver la atención que ponía para hacerse cargo del problema, el afecto con que respondía a lo que le pudiera decir cualquiera. Tanto si era una madre de familia, como un chiquillo, una campesina india, un obrero, un periodista, un catedrático, una artista de teatro: siempre atinaba a dar con la doctrina que tenía la virtud de serenar un espíritu, llenarlo de esperanza y moverle a servir a Dios mejor, con obras. Se le ve en estas filmaciones completamente entregado a todos, y dándoles no ideas personales ni teorías, sino el pan de la doctrina de la fe y de la moral católica, pero con tal sencillez y con tanta gracia humana, que el cumplimiento de sus altas exigencias —ante el dolor y el sufrimiento, ante los deberes matrimoniales, por ejemplo—, se hace fácil y grato. El cansancio de don Josemaría —en algunos momentos visible— no era impedimento para llevar adelante su labor: entrega, sencillez, profundidad doctrinal, proximidad al corazón y, en todo momento, ese envidiable buen humor que tenía. Hablaba de Dios y nada más que de Dios, encendía en todos una gran confianza en el inmenso amor que Dios nos tiene.

LAS PRIMERAS ENTREVISTAS

Para acercar al campo de mis recuerdos personales esta virtud de la caridad de Monseñor Escrivá, traeré a colación las primeras entrevistas que mantuve con él. Sería por el año 1934 cuando le conocí. Yo vivía entonces en lo que se llamaba la Casa de Consiliario, en Madrid, donde residíamos varios sacerdotes, dedicados por entero a los trabajos de propaganda de la naciente Acción Católica Española, bajo la inspiración de Don Ángel Herrera. Entre otros que formaban aquel equipo, recuerdo que estábamos don Emilio Bellón, don Vicente Enrique y Tarancón, hoy Cardenal de Madrid, don Pedro Altabella, Canónigo de San Pedro, don Laureano Pérez Mier, que fue durante mucho tiempo Presidente de la Rota española, y otros más. Por aquella casa venían con frecuencia otros sacerdotes de visita o porque participaban también en las actividades de formación apostólica y de propaganda.

Alguna vez vino también don Josemaría Escrivá de Balaguer. Desarrollaba por entonces una intensa actividad en ambientes muy diversos. Eran los comienzos del Opus Dei entre enfermos de los hospitales, niños y pobres de las barriadas extremas de Madrid, y entre estudiantes universitarios: gentes de toda edad y condición. Los que le tratamos más de cerca pudimos comprender que la razón de su invariable buen humor y su optimismo era una espiritualidad honda y profunda. En el ambiente enrarecido del Madrid de aquellos años, cuando casi humeaban aún los rescoldos de las absurdas quemas de conventos, y por todas partes se respiraban aires de furioso anticlericalismo, hacía falta tener mucha fe y un abandono total en manos de Dios, junto con una dosis notable de valor, de coraje y de prudencia, para seguir trabajando como él hacía y en los ambientes que lo hacía. No sólo no se contagiaba del pesimismo reinante, sino que su presencia alentaba la confianza en todos nosotros, y supongo que en todos los que le conocieran en aquella época; de manera que nos sentíamos impulsados a trabajar más y mejor.

Quise yo llegar a tener alguna conversación a solas con él y, por medio de un muchacho, valenciano como yo, estudiante de arquitectura, que era residente de la Academia-Residencia DYA, en la calle Ferraz, creada recientemente por don Josemaría Escrivá, conseguí mi propósito. Hacia marzo de 1935 fue a visitarle. La acogida cordial que me hizo, estableció de inmediato una corriente sincera de amistad humana y sacerdotal. Fui varias veces después por la Academia.

SERENIDAD SOBRENATURAL

Aquel ambiente reflejaba la serenidad sobrenatural de don Josemaría. Al entrar allí parecía que la inseguridad de la calle desaparecía. En torno a un Sagrario echaba sus brotes primerizos el Opus Dei, y se forjaban los que después deberían ser —en palabras de su Fundador— sembradores de paz y de alegría por todo el mundo. Allí se trabajaba de cara a un futuro que se veía despejado a pesar de los nubarrones del momento, con seriedad, con serenidad, con intensidad, en la certeza de que esa ancha y fecunda labor de servicio a la Iglesia, para la que se preparaban, se llevaría a efecto, porque Dios estaba empeñado en que se realizara. No había que detenerse por las cosas que entonces pasaban y que llegaban a paralizar a tantos ánimos: «Dios y audacia», con los ojos puestos en Dios había que seguir adelante, sin miedo.

UN BUEN DIRECTOR DE ALMAS

La profunda vida interior que fundamentaba esa seguridad que daba tanta paz y ganas de seguir trabajando, se me hacía más atractiva conforme la iba conociendo. En la primera entrevista me dio un ejemplar de *Consideraciones Espirituales*, un pequeño libro que acababa de editar y que recogía los temas fundamentales de su espiritualidad. Recuerdo que lo leí con atención, y que decidí tomar a su autor como director espiritual de mi alma.

He sentido después no haber llegado a poner por obra esta determinación. Mis viajes de propaganda eran cada vez más frecuentes, y llegué a perder momentáneamente el contacto con don Josemaría. No dudo que su capacidad de llegar al interior y de orientar las conciencias con su consejo, me hubieran hecho tanto bien en aquellos calamitosos tiempos, como, muchos años después, me lo hizo cuando me encontré en Roma, en una verdadera noche de mi alma. Más adelante me referiré a este episodio con detalle; si ahora lo menciono es sólo para cerrar este primer punto de mi testimonio sobre sus virtudes.

UNA FE FIRME

Otra virtud muy característica en Monseñor Escrivá de Balaguer ha sido su fe. Una fe colosal. Verdaderamente parecía vivir inmerso en una luz de Dios, que le daba a conocer la realidad de las cosas en su auténtica verdad. Podía valorar los acontecimientos de la vida de los hombres —los grandes y los menudos de cada día— desde esa perspectiva con entera objetividad, y obrar en consecuencia. Tenía esta visión sobrenatural constantemente, y así hablaba con gran naturalidad de lo sobrenatural, y sobrenaturalmente de lo más material, de lo humano y ordinario.

Considero necesario mencionar una consecuencia concreta de esta fe, que explica aspectos importantes de su persona y de la trascendencia eclesial de su vida. Me refiero a que por la fe que Dios le dio, se percató con toda claridad de que en la época que le había tocado vivir se estaba actuando, de un modo intensísimo y esperanzador, un nuevo progreso doctrinal y vital del Pueblo de Dios, resultado de la acción del Espíritu Santo, que sopla donde quiere. El Opus Dei, la Institución que Dios mismo había suscitado a través suyo —él se consideró siempre un pobre instrumento en las manos de Dios, como el pincel en manos del artista, lleno de humildad—, era una muestra de la misericordia de Dios con los hombres de nuestro tiempo. Dios quería servirse de él y de la Obra para contribuir al proceso de desarrollo y crecimiento de la Iglesia que el Espíritu Santo alentaba. Movido y sostenido por esta clara comprensión de las cosas, con gran obediencia a la Jerarquía y abnegado sacrificio, contribuyó y ayudó a ese rejuvenecimiento de la vida de la Iglesia haciendo realidad el Opus Dei, la Obra que Dios mismo le había pedido que hiciera; y, con un corazón magnánimo, alentó a los que tenían otras tareas diferentes, pero que estaban igualmente impulsados por Dios, a que las llevaran a cabo sin desmayos, con constancia y rectitud.

Su fe le hace superar con ejemplar fortaleza y serena paz interior grandes obstáculos de incomprensión y de calumnias sobre su reciente fundación, y conduce con fe, con mano firme y segura la Obra, hasta que obtiene la definitiva aprobación del Opus Dei por la Sede Apostólica el 16 de junio de 1950. Don Josemaría Escrivá de Balaguer fue fundamentalmente un hombre de fe viva y operativa, tal como él la predicara a todos continuamente. Dedicado por entero a hacer el Opus Dei en la tierra, convencido de que no había nacido para otra cosa, su fe le convirtió en el siervo bueno y fiel del Evangelio.

TRABAJO APOSTÓLICO ENTRE ESTUDIANTES UNIVERSITARIOS

Yo he podido seguir muy de cerca los pasos dados en la realización de esta Obra. Me he referido antes a que tuvimos nuestras primeras entrevistas personales en la Academia-Residencia DYA, que había fundado en 1934. Allí conocí su modo de tratar con los estudiantes, los medios apostólicos que empleaba, el aire que imprimía a aquel centro: seriedad y serenidad en el trabajo, y alegría en la convivencia. En fin, ya por entonces me hice una idea cabal de la naturaleza del Opus Dei.

Durante la guerra civil española, estuve en Friburgo, como alumno de la Universidad Católica. Volví a Valencia en 1939. Allí tuve mucho trabajo, pero entre los ministerios que se me asignaron uno de ellos, el de Director del Colegio de Burjasot, me permitió seguir mis contactos con don Josemaría. Desde aquel cargo yo seguía la labor que impulsaba en Valencia en el ambiente universitario, ya que en el Colegio de Burjasot residían, o de él procedían, algunos de los estudiantes que muy pronto se unirían a Monseñor Escrivá de Balaguer como miembros del Opus Dei. Recuerdo de manera más clara los nombres de Federico Suárez, hoy sacerdote y Catedrático de Historia, y Salvador Martínez Ferigle, también hoy sacerdote, que fue uno de los que iniciaron la labor del Opus Dei en Estados Unidos.

Como yo vi que lo que hacían aquellos muchachos era lo mismo que había conocido antes de la guerra y que tanto me gustaba, en lo que estuvo en mi mano amparé y alenté su labor. Me alegraba comprobar que la labor de la Obra se iba extendiendo sólidamente tanto en los medios apostólicos, como en las personas: todos los que yo conocía eran estudiantes con buena cabeza y cualidades humanas, lo que les daba prestigio entre sus compañeros.

CONTRADICCIONES

Sin embargo, no todo les fue fácil, porque por aquel tiempo, fueron objeto de grandes contradicciones. En diversos ambientes apostólicos y comunidades religiosas se difundieron toda clase de sospechas, acusaciones y suspicacias. El sentido común me decía —y así mismo lo hacía constar a los detractores— que las acusaciones de aquella campaña no cuadraban con los miembros de la Obra que yo trataba ni con mi conocimiento personal de su Fundador; y que no se podía olvidar el criterio evangélico para el discernimiento de la bondad o maldad de todo apostolado: conocer el árbol por sus frutos, y éstos eran manifiestamente sanos.

Mi actitud favorable a la Obra se reafirmó en mí después de una visita que me hizo don Alvaro del Portillo, que aún no era sacerdote. Le envió don Josemaría para explicarme todo lo que quisiera saber de la Obra y que aún no conociera, para hablarme de lo que estaban haciendo en Valencia y además para aclararme que los chismes que algunos habían hecho correr por la ciudad no tenían la menor importancia: lo que importaba era el juicio ante Dios y ante la Iglesia, y la Obra era muy querida por todos los Ordinarios de los lugares donde trabajaban, entre otros el de Valencia. Comprendí que no querían perder el tiempo —ni faltar a la caridad— criticando a los que les criticaban, que no había ninguna amargura ni resentimiento en ellos, sino todo lo contrario; lo único que deseaban era seguir trabajando como Dios quería que lo hiciesen. En otro contexto, era la misma actitud ante la contradicción que yo había podido detectar en aquel período crítico de la ante-guerra, lleno de dificultades para todos. Aquellos muchachos vivían con serenidad los criterios que don Josemaría ha dado siempre a todos los que han tenido que sufrir persecución, criterio que él por entonces estaba experimentando tan agudamente en su persona.

Por una serie de razones, que no vienen al caso, mi no dilatada estancia en Valencia —fui Obispo auxiliar dos años y medio desde abril de 1944— fue recortada por una serie de viajes que hube de hacer. En Navidades de 1944, asistí al Congreso Interamericano de Estudios Sociales, formando parte de la delegación española. Con este motivo conocí La Habana, y recorrí parte de los Estados Unidos visitando centros universitarios. Durante estos viajes y visitas tuve muy presente toda la labor que Monseñor Escrivá de Balaguer venía realizando desde hacía tanto tiempo con la juventud universitaria: ¡si allí, pudiera entrar aquel espíritu!, ¡si la gran potencia investigadora norteamericana que influía en medio mundo tuviera un signo netamente cristiano!

UNOS DÍAS EN MADRID CON EL FUNDADOR DEL OPUS DEI

Al regresar a Madrid —sería enero de 1945— fui a visitar a don Josemaría en la casa de Diego de León. Me acogió con el afecto de siempre, y quiso que me hospedara en la casa. Allí estuve durante unas semanas, pues tenía que redactar una serie de artículos para la revista «Ecclesia» y hacer unas cuantas gestiones en Madrid. Siempre recordaré aquella temporada como unos días gratísimos. Todos, y en primer lugar don Josemaría, me trataron con plena confianza, en familia. Yo trabajaba durante el día en mis cosas, con total independencia, y al regresar a la casa, me encontraba en un verdadero hogar. Allí pude conocer la personalidad del Fundador del Opus Dei bajo una luz nueva para mí. Los recuerdos que guardo de aquellos días tienen un común denominador: testimonian cómo Monseñor Escrivá de Balaguer dedicada su vida y sus talentos personales a sacar adelante, día a día, el Opus Dei, sin que por ello viniera a menos su preocupación por toda la Iglesia. Esta armonía entre lo particular y lo general, vivida por él con tanta plenitud constituye a mis ojos un nuevo argumento, muy poderoso, en favor de la caridad y de la santidad que llenó su vida.

UNA AMPLIA VISIÓN

En las conversaciones que durante esos días mantuve con don Josemaría se mostraba como un hombre dotado de una visión amplia, católica, de la Obra que había fundado. Recuerdo que al contarle las impresiones de mi viaje a América con el propósito de alentarle a emprender la labor del Opus Dei en aquellas tierras, no sólo comprobé que entre nosotros había una completa coincidencia sobre la importancia del papel que había de ocupar Norteamérica en la marcha de la Iglesia, sino que la ilusión de extender su labor a esos y a otros muchos países era una meta prevista desde siempre, porque la Obra había nacido universal. No había nacido para solucionar los problemas de un determinado país, sino que había de realizarse en todo el mundo por igual. Era tan concreta e inmediata la fase de expansión a otras naciones, que me habló de cómo entonces se estaban preparando los que habrían de llevarla a cabo. Por lo que me decía y, sobre todo, por cómo me lo decía, comprendí que esta expansión le quemaba por dentro desde hacía mucho tiempo, porque en don Josemaría el Opus Dei era como un fuego de celo que le abrasaba. Había una decidida determinación y mucha audacia en sus planes, pero a la vez prudencia y dedicación paciente para hacerlos posibles, preparando los instrumentos, y rezando, sobre todo rezando y haciendo rezar por esa intención. Luego, todo saldría: cuando Dios quiera, al paso de Dios, según decía.

En nuestros ratos de charla hablamos muchas veces de la Obra, de las actividades que por entonces le ocupaban y que siempre eran de un modo u otro, el Opus Dei. Al principio no caí en la cuenta, pero poco a poco llegó a admirarme el modo de hablarme de todas esas cosas. Siempre, pero en especial al hablar de las cosas de su Obra, era completamente objetivo; no exageraba, no había vanidad, ni autosatisfacción; nunca buscaba el elogio, ni para el trabajo de sus hijos, y mucho menos para el suyo propio. Su actitud era semejante a aquélla de San Pablo, que le llevaba a exclamar ¡ay de mí si no evangelizase!: el trabajo que realizaban era el que tenían obligación de hacer por amor de Dios. Durante aquellos días, pues, yo caí en la cuenta de que nunca me hizo propaganda del Opus Dei, aunque sí me informó de muchas cosas.

CAPACIDAD PARA PERDONAR

Otra cosa me llamó la atención: su manera de llevar las contradicciones que por entonces soportaba y que en aquellos momentos eran especialmente duras, por lo que yo captaba en diversos ambientes. Conocía sus criterios sobre el tema, por la conversación que tuve con don Alvaro del Portillo, pero ahora yo tenía una evidencia inmediata del modo de llevarlo a la práctica. No le oí una palabra, no ya dura, sino ni tan siquiera de enojo. Para quienes le ofendían tenía palabras de disculpa, de perdón. Si no fuera porque la calumnia es una ofensa al prójimo y un pecado que clama delante de Dios —y eso le dolía mucho—, se diría que todo aquello le importaba muy poco, ni hablaba de ello. Su conducta ante la persecución era una muestra patente de la caridad heroica que vivía, pues amaba a sus ofensores y rogaba a Dios por ellos; y también una muestra de hasta qué extremo llevaba su doctrina de que la caridad más que en dar está en comprender, pues él comprendía incluso a los que no querían comprenderle.

HUMILDAD

Fue siempre humilde, profundamente humilde: consideraba que la mejor devoción eran los actos de contrición, y con frecuencia decía de sí que era un pobre pecador, que estaba lleno de errores y flaquezas personales, pero aña-

al invitarme a residir por temporadas en Centros de la obra, me abrió y me hizo participar de los tesoros que Dios mismo había puesto en sus manos, para que con entera libertad tomara aquello que mejor me fuera para orientar mi labor pastoral en el campo del apostolado de los laicos. Porque sin pretender nunca presentar esas soluciones como las únicas posibles, tampoco ha dejado de darlas a conocer a quienes estuvieran sinceramente interesados en ellas. Desde el momento en que pude conocer a fondo su doctrina, su modo de formar a los seglares y de dirigirlos, he tenido a Monseñor Escrivá de Balaguer por un hombre elegido por Dios para ser maestro de los nuevos caminos del laicado católico. Esta afirmación no la hubiera hecho públicamente mientras vivió, porque hubiera temido herir su humildad; pero después de su muerte me he apresurado a ponerla por escrito, en letras de imprenta, porque me ha parecido un acto de justicia hacerlo así constar.

En un artículo breve publicado por la prensa española en el aniversario de su muerte, he dejado recogida algunas lecciones —reflexiones mías, más bien, porque él nunca quiso dar lecciones— de su magisterio en lo que tiene de más universal y válido para todos los que trabajamos en el apostolado laical. Aunque no sea mi propósito trasladar aquí las ideas que entonces expuse, sí me voy a permitir hacer un brevísimo resumen, porque a la vez sintetizo en —el terreno de las ideas— lo que capté directamente durante los años que voy reseñando en esta parte de mi escrito.

LA LLAMADA A LA SANTIDAD

El nervio de todo su apostolado, con sacerdotes y laicos, ha sido la proclamación de la llamada divina a la santidad, no en abstracto, sino haciendo llegar esa llamada hasta el corazón de cada persona. Su apostolado consistió esencialmente en esto: promover la santidad en medio del mundo entre personas de todas las condiciones. Su insistencia en que éste era el punto clave para que los laicos pudieran asumir sus responsabilidades en la misión total de la Iglesia, ha venido sancionada de un modo solemne por el Concilio Vaticano II.

Pero, ¿por qué su labor ha suscitado una oleada de respuestas generosas, cuando en tantos ambientes esa llamada universal a la santidad parece que no sólo fracasa, sino que incluso es puesta en cuestión, como inadecuada a nuestros tiempos? El porqué hay que buscarlo en su doctrina y en su modo de actuar.

En cuanto a su doctrina diré que no tuvo otra que la del Evangelio: toda su espiritualidad se basa en el Evangelio; y la doctrina moral, en la que el Magisterio impone a los fieles.

FORTALEZA EN LA FE

En cuanto al modo de actuar, lo primero que hay que señalar es que, siendo ésa su doctrina, pudo exigir y exigió a todos los que se han acercado al Opus Dei una honda firmeza en cuestiones de fe y de costumbres, porque no eran puntos de vista suyos, sino de Cristo y de su Iglesia; formó a todos en la fortaleza de la fe. También estimo que fue muy importante el que estableciera con su ejemplo, de modo claro y definitivo, un justo equilibrio en las relaciones entre sacerdotes y seglares: ni clericalismo, ni anticlericalismo. Los sacerdotes deben ser sacerdotes cien por cien; por ello no se entrometerán en cuestiones temporales que corresponde a los laicos resolver, sino que serán servidores de sus hermanos los laicos; sacerdotes entregados por entero al ejercicio de su ministerio. Cada uno, tanto el sacerdote como el laico, deben santificarse en su propia tarea, en la vida ordinaria, como lugar de encuentro con Dios y de testimonio de fe y de amor a los hermanos.

RESPETO A LA LIBERTAD

Por tanto, el quehacer apostólico de Monseñor Escrivá se basó en primer lugar en la valoración cristiana de la vida ordinaria, hecha a partir del Evangelio, tomando como modelo la vida oculta de Cristo y de María y José; y la de las primeras comunidades cristianas y, por otra parte, en el respeto humano y cristiano a la libertad personal y responsable; a nadie impuso criterios, soluciones u opiniones personales en cuestiones temporales; en la formación de los hombres y de su conciencia, jamás admitió manipulaciones sobre la personalidad; ni, en la convivencia apostólica, catalogaciones de los fieles, o enfrentamientos ideológicos sobre cuestiones de libre opción.

Éstas son a mi parecer algunas lecciones que se desprenden del Fundador del Opus Dei en relación con el apostolado laical. Esto es al menos lo que yo he podido concluir teniendo en cuenta sus escritos y las conversaciones mantenidas con él a lo largo de varios años. Pero quisiera que fueran ahora los hechos que yo pude observar directamente, el recuerdo de los pequeños detalles que se captan en el trato directo, los que hablaran, pues resultan más convicentes que los conceptos abstractos.

EL OPUS DEI ES UNA FAMILIA

La idea que yo me formé acerca de la Obra cuando viví unos días en Diego de León, fue que era una familia. Esta Institución tiene un marcado carácter familiar. Pero además es una familia admirable gracias a la correspondencia heroica de don Josemaría Escrivá de Balaguer al carisma fundacional. Los que vivían en aquella casa de Diego de León le trataban como hijos, porque él les trataba como Padre. Esa denominación —Padre— que dan siempre los miembros del Opus Dei a su Presidente General, es expresión de una realidad: la unidad de corazones y afectos que existe con quien hace cabeza en la Institución. Los vínculos que les unen entre sí son exclusivamente sobrenaturales, pero lo sobrenatural en su espiritualidad y en la vida de su Fundador, no es ajeno a lo natural. Esta capacidad de amar tan humana y sobrenatural a la vez, vivida constantemente en mil detalles con total olvido de sí mismo, sin pensar más que en los que le rodeaban, es lo que permitió que además de Fundador, fuera Padre, y a los miembros del Opus Dei, ser sus hijos.

No puedo trasladar aquí el sinfín de detalles que al llegar a aquel Centro, saltaban a la vista durante todo el día. Por referirme a alguna situación en que de alguna manera estos detalles se hicieran más patentes, me referiré a las reuniones familiares, en las que pude tomar parte como uno más de la familia, siempre que mi trabajo no me lo impidió.

En esas tertulias de familia tenían todos una confianza grande con el Padre. Él en ningún momento permanecía distante, ni como metido en sus cosas, sino al revés, viviendo plenamente las alegrías o preocupaciones, la salud o la enfermedad de sus hijos. Se sentaba en medio de todos, en un asiento cualquiera, y era quien, con su buen humor, animaba más la conversación y hacía participar con espontaneidad a todos. Yo nunca he visto que un miembro de la Obra se encontrara cohibido en la presencia de su Padre, aunque en todo momento les haya visto con gran respeto hacia él. Todos estaban pendientes del Padre, pero eso no impedía que cada uno contara lo que quisiera y se expresase con toda libertad: el Padre sabía escuchar lo que se decía con gran atención y se le veía a gusto.

En esas tertulias se cantaba, se contaban anécdotas, se bromeaba; y con la misma naturalidad, se hablaba de las labores de apostolado relatando los sucesos del día y, en todo momento, había cariño, simpatía, vibración apostólica y presencia de Dios.

AMOR A LA LITURGIA

Esa serena manera de vivir la presencia de Dios y el cariño a lo largo del día, incluso en ratos de expansión y descanso como eran las tertulias, se acentuaba, si cabe, cuando esa familia tan alegre y sobrenatural se reunía para rezar. La vieja devoción del Santo Rosario, en esa casa parecía como nueva, remozada; era un rezo pausado, en el que se saboreaban las avemarías y se meditaba mejor la vida del Señor. Las acciones sagradas se llevaban a cabo con un rigor litúrgico que llamaba la atención, porque se notaba lleno de piedad, de amor cariñoso: amor de Dios concretado en todos los detalles. Los objetos de culto estaban cuidados, limpios, y en la medida de lo posible, eran ricos. Recordaré ahora aunque sea incidentalmente, que años más tarde, en Roma, el enseñarme un día don Josemaría la Sacristía principal del Centro de Bruno Buozzi, vi allá una mesa de mármol espléndida. Se me escapó una exclamación de asombro, pero él no me dijo otra cosa que: «¡Es para los cálices!» Comprendí de inmediato que para apoyar los vasos que están hechos para contener la Sangre preciosísima de Cristo, todo le parecía poco. La acción de gracias después de la Misa se prolongaba unos minutos, durante los cuales yo me sentía reconfortado y me gustaba sumar mi oración a la oración callada de aquellos corazones viriles y apostólicos. Forjados por Monseñor Escrivá en el amor de Dios, en el trabajo, en la libertad, en el respeto y la entrega a los demás, eran una espléndida realidad preparada para el servicio de la Iglesia.

LABOR DEL OPUS DEI EN MALLORCA

Después de mi designación para el Obispado de Mallorca, en octubre de 1946 —primero como Obispo Coadjutor, y poco después como titular—, mi trato con el Fundador del Opus Dei o con sus miembros tuvo otro carácter debido al cambio de circunstancias, pues mis deberes pastorales, ahora mucho mayores, no me permitieron tantos desplazamientos a Madrid, donde por otra parte ya no vivía Monseñor Escrivá, que había fijado su residencia en Roma. A partir de entonces, allí me vi con él, pues a lo largo de estos años no he dejado nunca de saludar a don Josemaría, que a menudo me ha invitado a comer en su casa. Por otra parte el desarrollo de las actividades apostólicas del Opus Dei en las diócesis de las que he sido Obispo, me permitió un contacto habitual con esta Institución.

Hacia 1950 comenzaron a darse en Mallorca retiros espirituales para hombres y mujeres, dirigidos por sacerdotes del Opus Dei. De ahí surgió una labor muy extensa de apostolado personal, pues muy pronto hubo en la isla miembros de la Obra. De todo ello fueron dándome cuenta periódicamente los directores de la labor y los sacerdotes que colaboraban en ella; yo di todas las facilidades posibles, como ya había hecho en Valencia y ha sido mi costumbre hacer con todo tipo de labor apostólica hecha con rectitud: comprendo el gran bien que hace en las diócesis este trabajo.

ATENCIÓN A LOS SACERDOTES: FERMENTO DE UNIDAD

Desde el año 1955, he residido como Obispo Prior de las Órdenes Militares, en Ciudad Real. La presencia del Opus Dei en este diócesis, desde antes de mi llegada a ella, ha sido para mí fuente de alegría y de consuelo. En especial me complace la labor realizada entre mis sacerdotes; ya pertenecían a la Obra muchos sacerdotes cuando llegué allí, y después se han ido multiplicando las vocaciones. Los he considerado siempre como fermento de unidad, por su obediencia pronta y alegre a su Ordinario; por la fidelidad a la doctrina de la Iglesia; por su vibración apostólica contagiosa, esperanzada y optimista; por su espíritu de comprensión, pasando por alto con buen humor aquellas pequeñeces que surgen en la convivencia de unos sacerdotes con otros y que podrían acabar separándoles; por su dedicación a los ministerios que se les encomiendan. Es un empeño constante —con las flaquezas personales, que no empañan la rectitud con que habitualmente cumplen su próposito— por santificarse en y desde su ministerio. Son sacerdotes que quieren y procuran ser sólo sacerdotes. Su ejemplo firme y humilde hace mucho bien dondequiera que son destinados. Y también lo ha hecho su generosidad misionera, que ha llevado a no pocos a ofrecerse para trabajar en América, donde han realizado su labor pastoral con gran fruto, según me consta por los viajes que yo personalmente hice a aquellas tierras.

EL SERVICIO A LA IGLESIA

A lo largo de estos años de trato con Monseñor Escrivá y su Obra, como vengo testimoniando, la actividad de don Josemaría estaba constantemente dirigida a poner los fundamentos ascéticos, formativos y apostólicos del Opus Dei. Sin embargo quiero hacer constar también que su celo sacerdotal no se cerraba en su propia Obra, sino que movido por su ejemplar caridad pastoral y por aquel don que le distinguía, al que me he referido en las primeras páginas de este escrito, de calar hondo en las almas, se volcaba sobre todos los que llevan el peso de los problemas de la Iglesia, sobre todos lo que intentaban trabajar con rectitud en su servicio.

No perdió nunca de vista cuál era el objetivo de todas sus actividades: servir a la Iglesia. Estuvo constantemente abierto a todos sus problemas. De esta preocupación habrán testimoniado muchos Obispos de todo el mundo, pienso yo, puesto que a muchos nos ha llegado su palabra encendida en el amor de Dios y de la Iglesia, en especial durante las Sesiones del Concilio Ecuménico. Fuimos a visitarle en su casa de Bruno Buozzi, con frecuencia, cuantos ya de antes le conocíamos; pero me consta que otros muchos hicieron otro tanto. De esas visitas recuerdo haber salido siempre animado a trabajar más y mejor y de participar más activamente en las tareas conciliares de mi competencia. No había que desanimarse —me decía— por algunas cosas que se oían decir en las Sesiones y sobre todo por las cosas que se leían en los comentarios de prensa, ante las que estábamos, más que confusos, preocupados. Lo que había que hacer era poner los medios humanos a nuestro alcance: estudiar bien los esquemas, presentar las nociones que viéramos oportunas y las enmiendas que en conciencia debiéramos hacer. Y rezar, rezar con un clamor incesante, llenos de esperanza en los frutos que éste, como todos los Concilios, debería dar en la Iglesia, porque era el Espíritu Santo el que fundamentaba esos trabajos. Aunque yo no le ví por los lugares de las sesiones, ni en las reuniones y agasajos que por entonces, congregaban frecuentemente a tantos eclesiásticos en Roma, sin embargo su presencia espiritual, respetuosa con el quehacer de los Padres conciliares, sin imponer ningún punto de vista, fue clarísima y de gran trascendencia para los que participamos en aquella gran Asamblea.

Monseñor Escrivá de Balaguer amaba profundamente a la Iglesia, pero el matiz con que se manifestaba ese amor era muy propio suyo: como todo buen cristiano, consideraba y llamaba Madre a la Iglesia; pero en él esa maternidad era muy real, palpable, y creaba en él unas exigencias de filiación también reales y que también se palpaban. En especial, al considerar a su Madre ofendida por unos y otros, al haberla visto maltrecha en España antes de la guerra civil, y por todo el mundo en la última etapa de su vida, parecía que aquel gran corazón sufriera con el sufrimiento físico de un hijo que ve a su madre en esas circunstancias: eso le hacía llorar, y sobre todo rezar. Y, de alguna manera, prestarle consuelos, a través principalmente de los que la gobiernan.

AMOR A LA JERARQUÍA DE LA IGLESIA

Esto no lo digo en sentido metafórico. Recuerdo haberle oído explicar lo que pretendió siempre que fue a visitar a cualquiera de los Romanos Pontífices que él conoció. Él quería darle alegrías al Papa, contarle las cosas buenas de la labor por todo el mundo, porque, decía, en su labor de gobierno siempre tiene que estar recibiendo cargas y problemas, y tantas veces malas noticias.

Este mismo estilo de trato cariñoso y consolador que empleó con el Santo Padre, lo tuvo también con todos los Cardenales y Obispos con que se relacionó en su vida, que fueron muchísimos. Pero, además, enseñó a sus hijos a tener este amor a la Iglesia personalizado en la Jerarquía de todos los lugares, y materializado en atenciones delicadas, sin gravarles nunca con problemas y cargas innecesarias. De este modo, recuerdo que las visitas que me han hecho los miembros del Opus Dei, como Ordinario del lugar en que trabajaban, siempre se ha caracterizado, junto con un gran respeto por mi persona, por una nota de alegría y de optimismo, haciéndome pasar un buen rato, que, cuando mis ocupaciones me lo han permitido, he alargado gustosamente.

UNA CONVERSACION FRATERNAL

Quiero referirme ahora a un recuerdo muy personal y quizá el más entreñable que guardo de mi amistad con Monseñor Escrivá, y que pone punto final tanto a este último capítulo de sus virtudes como a este ya largo escrito.

Yo había «cometido» la grave audacia de levantar una bandera de renovación de espiritualidad y de apostolado laical: la de los Cursillos de Cristiandad. Este empeñó surgió durante mi estancia en Mallorca, en 1949, y arraigó entre los fieles ampliamente —incluso saltando las fronteras de España— después de mi traslado a la diócesis de Ciudad Real. Desde sus comienzos fui alentado y bendecido por el Santo Padre, y para mí ha sido la fuente clara de donde han brotado las más íntimas alegrías pastorales de mi vida. Pero el Señor quiso probarme y probar este movimiento también desde sus principios con la contradicción. Mi afán y el de mis colaboradores por devolver un dinamismo activo a los seglares, desató en torno a mi persona una dolorosa tempestad.

Esta campaña de incompresiones y maledicencias estaba principalmente movida por un determinado religioso. Era el mismo que años antes había desatado otra campaña semejante contra el Opus Dei. Yo le había conocido el año 1946, siendo Obispo Coadjutor de Mallorca, cuando fui a Friburgo presidiendo la Comisión española de Pax Romana. Su poca piedad hacia la Virgen me hicieron recelar de él y los ataques que también allí mismo dirigía ostensible y apasionadamente contra el Opus Dei me confirmaron en la falta de razón que tenía su campaña. Este mismo apasionamiento y sinrazón cayeron luego sobre los Cursillos de Cristiandad. Dios le perdone y le asista, pues verdaderamente fue triste el final de su deslizamiento poco tiempo después, no sólo en sus compromisos religiosos sino también en su fe católica.

Pues bien, en aquel mar revuelto de insidias e incompresiones en que me vi sumergido, en aquella noche oscura, tuvo que ir a Roma, porque había llegado a ser denunciado ante el Santo Oficio.

En Roma, entre otras gestiones que debía llevar a efecto, incluí en mi agenda una visita a Monseñor Escrivá de Balaguer. El recuerdo suyo, la imperturbable y alegre manera de haber llevado las contradicciones que arreciaron contra el Opus Dei me impulsaba a buscar la conversación con él: de allí vendría sin duda paz para mi ánimo atribulado. Y no me engañé.

Desde el primer saludo, el diálogo animoso y lleno de cariño brotó como siempre y, como siempre también, derivó a la intimidad de nuestro sacerdocio. No tuve que contarle detalles de las penas que me afligían, pues no los necesitaba Monseñor Escrivá de Balaguer para penetrar en la situación espiritual en que me encontraba. Me escuchó atentamente y llegó enseguida al fondo de la cuestión. Vio rápidamente el problema, y lo mismo que hacía con sus propios problemas, no perdió el tiempo en estériles lamentaciones. Recuerdo que sus palabras, breves, certeras, me reconfortaron profundamente desde el principio, porque en ellas volcaba en mí su propia alma. «No te preocupes, son bienhechores, porque nos ayudan a purificarnos. Hay que quererles y pedir por ellos», recalcaban sus palabras cuando me insistía en la necesidad de tener amor a los que no nos comprenden, de orar por los que juzgan sin querer enterarse, e insistía en el deber de prestar sólo nuestra atención a la voz de la Iglesia y no a los rumores de la calle, y mantener, con la ayuda de Dios, el corazón limpio de amarguras y resentimientos. ¡Qué bien me hicieron sus palabras! Era la comunicación de una experiencia personal, dicha fraternalmente, de hermano a hermano. Aquellos consejos tenían una fuerza de convicción enorme por la autenticidad con que él mismo los había vivido, y los seguía viviendo entonces.

De este modo providencial aquel hombre de Dios, como no dudo en llamarlo, influyó para alentar una empresa que no era su empresa, y volcó caridad y comprensión sobre un método de espiritualidad y de apostolado laical que iba por caminos distintos del suyo. Sólo Dios sabe en qué medida pudo contribuir a despejar los caminos de la Providencia.

Ruego a Dios Nuestro Señor que tenga a bien acelerar el momento en que los fieles de su Iglesia —sacedotes y seglares— puedan tener como ejemplo vivo, y oficialmente declarado así por la Suprema Autoridad Apostólica, a Mons. Josemaría Escrivá de Balaguer y Albás, de modo que, siguiendo sus enseñanzas, santifiquen el trabajo ordinario y lleven a cabo un eficaz apostolado en medio del mundo, en el que Dios los quiere por específica vocación laical y secular.

Me someto al juicio de nuestra Santa Madre la Iglesia en todo lo aquí reseñado.

Ciudad Real, 14 de septiembre de 1976

† JUAN HERVÁS BENET
Obispo de Dora y Prior de las Órdenes Militares de Ciudad Real

PADRE SILVESTRE SANCHO MORALES, O.P.

El P. Silvestre Sancho Morales, O.P. nació en Encina Corva (Zaragoza), el 31 de diciembre de 1893. Desde 1908 a 1910 estudió Filosofía en el Seminario de Zaragoza. Religioso dominico desde el 2 de febrero de 1912, se ordenó sacerdote el 19 de septiembre de 1919. Lector en Filosofía, Doctor en Teología y Maestro en Teología. Fue Rector del Colegio San Juan de Letrán en Manila desde 1932 hasta 1935 y de la Universidad de Santo Tomás, también en Manila, desde 1936 hasta 1940, año en que fue reelegido por otro cuadrienio, aunque no pudo tomar posesión a causa de la guerra en el Pacífico. Fue Capellán Mayor de Prisiones en España y Profesor de la Universidad Central desde 1943 hasta 1950. De 1951 a 1960 fue Provincial de la Provincia del Santísimo Rosario de Filipinas.

Conoció a Mons. Escrivá de Balaguer en 1935 en una Casa de la Institución Teresiana, en Madrid. El trato fue especialmente intenso y fraternal desde enero de 1941 hasta 1946, años en que se confesaba con el Venerable Siervo de Dios. Fue profesor de Teología de los primeros sacerdotes que se ordenaron en el Opus Dei. Después de 1946, los encuentros con Mons. Escrivá de Balaguer fueron más esporádicos. Su profunda formación teológica y su sentido sobrenatural le hacen especialmente idóneo para apreciar las virtudes del Siervo de Dios. Vivió muy de cerca las contradicciones que tuvo que sufrir el Fundador del Opus Dei en los años cuarenta y pudo apreciar su reacción llena de fortaleza, caridad y sentido sobrenatural. Fue uno de los primeros testigos en declarar en el Proceso de Virtudes celebrado en Madrid. Falleció en 1982.

TESTIMONIO SOBRE EL FUNDADOR DEL OPUS DEI

INTRODUCCIÓN

En la presencia de Dios, y para que en su día pueda servir a la Causa de Beatificación y Canonización de Mons. Josemaría Escrivá de Balaguer y Albás, quiero dar testimonio de la eminente y heroica santidad que vi siempre en sus acciones y palabras. Tengo la seguridad de que procuro así la gloria de Dios y el bien de la iglesia.

PRIMERAS NOTICIAS DE SU ACTIVIDAD APOSTÓLICA

Conocí a Mons. Escrivá de Balaguer el año 1935. De los años anteriores no puedo aportar testimonio directo, porque en 1915 salí de España hacia Estados Unidos, y después fui a Manila, y no regresé hasta veinte años después.

A mi regreso a España en esta fecha, yo estaba muy interesado por el apostolado con los jóvenes, y por eso me interesó conocer a las Teresianas; y fui a ver al Padre Poveda y a la señorita Segovia a la residencia que tenían en la calle Medinaceli 4, en Madrid. En aquella visita la señorita Segovia me habló del apostolado que realizaba Mons. Escrivá de Balaguer con los jóvenes, y me preguntó si quería conocerle. Le contesté que tendría muchísimo gusto. La señorita Segovia le llamó por teléfono, y él acudió allí para hablar conmigo. He de decir que el Padre Poveda quería mucho al Fundador del Opus Dei, y a su vez éste le correspondía con mucho afecto, y siempre bendecía a Dios ante cualquier apostolado; muchas veces le he oído decir después: cuantos más haya que sirvan al Señor, mejor. No fue jamás exclusivista, tenía un espíritu muy amplio, un celo infatigable por todas las almas.

En aquella primera entrevista hablamos del apostolado con los jóvenes, pero sobre todo recuerdo que quedé encantado por su modo de ser sumamente abierto, muy alegre, siempre muy alegre. Por eso yo simpaticé con él desde el primer momento. Pienso que quizá influyese también el que fuéramos de la misma tierra.

Esa primera impresión sobre su alegría la seguí comprobando después como algo constante en su vida, a la vez que iba descubriendo el fundamento sobrenatural de su alegre optimismo.

TRATO FRECUENTE DURANTE AÑOS

No volvimos a vernos hasta el año 1941. Yo me marché a Filipinas en febrero del 36, porque fui nombrado Rector de la Universidad de Manila. A finales de 1941 volví a España de vacaciones, pero ya no pude regresar a Manila porquc ocurrió el ataque japonés a la base norteamericana de Pearl Harbour, en Hawai. Aunque ya tenía el visado para ir a Filipinas por Estados Unidos, no me fue posible hacerlo, porque estaba cerrado el Pacífico, el Atlántico y el Mediterráneo. Por eso me quedé en España. Aquí permanecí diez años hasta que fui nombrado Provincial de los Dominicos en el Extremo Oriente en 1951.

En esta época es cuando tuve relación más íntima y habitual con el Fundador de la Obra, hasta que él se marchó a Roma en 1946, en donde seguí viéndole periódicamente sobre todo desde 1951 hasta hace pocos años. Al ir a Filipinas y volver iba a visitarle y tenía largas conversaciones con él, que siempre me acercaban más a Dios.

UNA ESTRECHA AMISTAD

Con frecuencia yo iba a Diego de León 14, donde él vivía en Madrid, a confesarme y a hablar con él. Nos unía una estrecha amistad. Por entonces comencé también a dar clases de Teología Moral, en ese mismo Centro del Opus Dei, a las primeras promociones de miembros de la Obra que se fueron ordenando sacerdotes en los años sucesivos.

Como he dicho, le visitaba con frecuencia para confesarme y estar con el Padre un rato, siempre en plan de mucha amistad. La impresión que yo tengo de él, es la de un hombre de muchísima virtud, que, en su sencillez, no exhibía. No puedo destacar ningún detalle concreto de su *profunda humildad*, porque su sencillez llenaba su vida de naturalidad. No sorprendía nada, porque la constante suya era siempre ésta: sobrenaturalizarlo todo sencillamente, y además alegremente, que es lo más difícil. Lo suyo no era hacer exhibiciones de humildad.

ESPÍRITU AMPLIO Y ABIERTO

En aquellos años comprobé que el Padre predicaba continuamente Ejercicios y retiros por toda España a muchos sacerdotes, aparte de su trabajo con los miembros del Opus Dei, y con otros muchos fieles laicos a los que iba dirigida principalmente su labor sacerdotal.

El Padre alentaba toda vocación con un espíritu sacerdotal amplio, siempre muy abierto. Tenía amistad con muchos religiosos, como pude ir viendo. Él más bien trabajaba con el clero secular, además de con muchos seglares, profesionales y obreros, y mantenía estrecha relación con los Obispos. Concretamente había Obispos dominicos que le querían muchísimo, por ejemplo, Mons. Barbado que era entonces Obispo de Coria, y Mons. Albino, que lo era de Canarias; también el Obispo Polanco de Teruel y Mons. López Ortiz que eran agustinos; el Obispo Mons. Carmelo Ballester, que era paúl, y que, como yo, se confesaba y se dirigía también con él, y otros muchos. Acudían tantos a él en busca de dirección espiritual porque tenía fama bien ganada de poseer en alto grado el don de consejo, como yo pude comprobar en esos largos años durante los que fue mi confesor.

DESPRENDIMIENTO DE LOS BIENES MATERIALES

Quiero señalar, además, un rasgo, insólito en aquellos años, que muestra su desprendimiento total de los bienes de la tierra, que por pocos o pequeños que fueran, ponía siempre al servicio de la gloria de Dios; en aquellos retiros y Ejercicios que daba el Padre a sacerdotes, seminaristas y otras personas, por toda España, a ruego de los más diversos Obispos, no sólo nunca quiso cobrar nada, ni recibir ningún regalo, sino que él mismo se pagaba los viajes. Sólo aceptaba cama y comida, muy pobre, si se la daban. Mostraba así su *pureza de intención:* quería servir a la Iglesia, no servirse de ella, ni siquiera en aspectos de suyo legítimos.

El Padre tenía relación con numerosos sacerdotes, ya que predicaba, como he dicho, por todas partes, a petición de los Obispos. Como predicaba muy bien, muy sobrenaturalmente, y tenía una vibración apostólica, y era muy alegre y comprensivo, y muy sencillo y sin recámaras, se hacía amigo de todos, y todos le querían. Yo no supe de nadie que tuviera enemistad con él personalmente.

PRUDENCIA SOBRENATURAL

El Padre era muy cuidadoso al hablar del Opus Dei y de sus apostolados. La razón que me daba, y que yo entendía muy bien, era una razón de prudencia sobrenatural: la Obra está todavía en gestación, no ha nacido jurídicamente del todo, es como una criatura *non nata;* vamos a rezar y a trabajar y a esperar. Cuando me dijo que podíamos explicar ampliamente el Opus Dei fue al regresar de Roma con el *Decretum Laudis.* Recuerdo que fue en la residencia de Diego de León 14, a donde yo acudí: ahora, gracias a Dios —me dijo—, sí que podemos hablar del Opus Dei, porque es una cosa pública; ahora que la Iglesia ha alabado maternalmente a la Obra, ya no hay dificultad. Porque hasta entonces él repetía, con razón, que aún no había nacido del todo. Veo en este hecho una manifestación de la obediencia rendida y heroica, y del hondo amor sumiso de Josemaría a las decisiones de la autoridad suprema de la Iglesia.

Por eso era una calumnia el calificativo de masónico quc algunos daban a esta natural y sobrenatural *discreción,* que duró mientras duraba la gestación, hasta que no habló la Santa Sede.

ESTUDIOS ECLESIÁSTICOS DE LOS MIEMBROS DEL OPUS DEI

Yo comencé a dar las clases de Teología Dogmática a aquellos primeros grupos de miembros del Opus Dei que se preparaban para el sacerdocio. Los profesores eran, entre otros, un Padre del Corazón de María que explicaba Dogma, y tres o cuatro Dominicos: si no me equivoco, el P. Severino Álvarez, que daba Derecho Canónico; el P. Ortea, que no recuerdo qué explicaba; y yo que daba Moral. Eran también profesores: Bueno Monreal, futuro Cardenal-Arzobispo de Sevilla; López Ortiz, futuro Arzobispo Castrense; Máximo Yurramendi, futuro Obispo de Ciudad Rodrigo, etc. El Padre tenía un gran amor a los estudios eclesiásticos y gran ilusión de formar muy bien a sus hijos sacerdotes.

Todos los demás miembros de la Obra estaban haciendo los estudios de Filosofía. Yo no sé quiénes eran sus profesores. Se estaban preparando para los estudios de Teología, que hacen todos los miembros de la Obra, también los laicos.

Yo preparé a aquellos primeros sacerdotes de la Obra, y después vinieron otros, y otros... hasta que dejé de dar clases porque el Padre contaba ya con profesores de la Obra, que comenzaron a explicar Teología. Después, en cuanto llegó a Roma, el Padre abrió el Colegio Romano de la Santa Cruz con alumnos de distintos países, que en esos primeros años iban a hacer el Doctorado en Teología y Derecho Canónico a las Universidades Pontificias Romanas, y especialmente al «Angelicum».

CATÉDRAS UNIVERSITARIAS

A mí, el Ministro de Educación Nacional, Ibáñez Martín, que era muy amigo mío, me ofreció la Cátedra de Ética de la Universidad de Madrid, que había quedado vacante a la muerte de García Morente, o la de Metafísica, que había tenido Ortega y Gasset. Yo elegí la de Ética, y la de Metafísica se la agregaron a don Juan Zaragüeta. Por este motivo estuve muy dentro del ambiente universitario, y pude comprobar siempre cómo los miembros del Opus Dei que obtuvieron cátedras —por ejemplo, Albareda, Pérez Embid, etc.— las sacaron porque iban muy bien preparados a las oposiciones. Cuando algunos de los miembros de la Obra —porque ésta era su vocación profesional— empezaron a trabajar en la Universidad, surgió inexplicablemente una animosidad contra ellos. Eran los años 41, 42... Y una de las acusaciones, y de las más grandes, contra el

Opus Dei en aquellos años, era decir que sus miembros habían convertido las cátedras universitarias en un coto para ellos, apoyándose entre sí. Esto era totalmente injusto. Una pequeña anécdota que recuerdo a este respecto, es que estando yo en la residencia de Diego de León 14, llegó Teodoro Ruiz, que estaba haciendo en Madrid oposiciones a cátedra de Derecho Canónico, y comentó que le habían suspendido. El Padre le consoló con cariño y, entre otras cosas, le dijo que se alegrase porque así se comprobaba una vez más su personal independencia profesional.

CON CARIDAD Y JUSTICIA

Precisamente entonces arreciaba fuertemente aquella calumnia que propalaban algunos, y que no podía ser más injusta, pues había comenzado incluso antes de que algún miembro de la Obra hubiera conseguido la primera cátedra. Ignoraban aquellos calumniadores el alto sentido de la *justicia* que tenía el Padre, y que le llevaba a vivirla hasta extremos heroicos: muchas veces noté su silencio en nuestras conversaciones, cuando salía a relucir una persona a la que él, en justicia, no podía alabar, pues vivía siempre lo que aconsejaba: cuando no puedas alabar, cállate. Poner en práctica este consejo, tan difícil, y de un modo constante, durante toda su vida, como se lo he visto hacer yo, lo considero verdaderamente heroico: es amar a los hombres, por Dios, de manera nada común, y siempre. Pero llegaba a extremos más heroicos: hace ya años me dijo que rezaba con igual intensidad y que ofrecía todos los días en la Santa Misa los mismos sufragios por los que habían pretendido hacer daño al Opus Dei —de su propia persona nada le importaba— que los que ofrecía por sus padres, o por sus hijos, los miembros del Opus Dei, vivos o difuntos. Y esto, día tras día, año tras año, al menos durante los diez últimos años de su vida. Pienso que una caridad vivida en grado tan perseverante, tan heroico, no es nada común; se leen cosas de este estilo en la vida de pocos santos, a la imitación de Nuestro Señor Jesucristo muriendo en la Cruz.

MOTIVOS PARA LA PERSEVERANCIA

La naturalidad del comportamiento de sus hijos, fieles corrientes entregados a Dios en el mundo, me la explicaba el Padre poniéndome como ejemplo algo que yo conocía muy bien, aunque era una cosa totalmente distinta; me decía: ¿Vosotros a los terciarios vuestros les ponéis un cartel en la espalda que diga: Yo soy terciario dominico? No. ¿Pues por qué mis hijos se van a poner un cartel en la espalda que diga: yo soy del Opus Dei?

El Padre también me decía: Mira, todos los que piden la admisión en el Opus Dei han de conseguir con su trabajo profesional medios para mantenerse ellos y para sacar adelante los apostolados, de tal manera que, cuando quieran macharse, lo puedan hacer tranquilamente, de modo que los motivos de su perseverancia sean exclusivamente sobrenaturales, ya que son ciudadanos como los demás: la perseverancia en el Opus Dei, decía, ha de ser siempre consecuencia de un amor actual, constantemente renovado. No quiero, me decía, que de ninguno de mis hijos se pueda decir que perseveran por aquello que pensaba el mayordomo infiel del Evangelio: *quid faciam? Fodere non valeo, mendicare erubesco?*

A mí, esta nueva manifestación de justicia y de prudencia, y sobre todo de amor de Dios me parecía muy importante, porque sabía de algún religioso que no se salía de su Orden por miedo. Las puertas deben estar abiertas —me decía el Padre—, para que puedan salirse cuando quieran. Yo le pregunté una vez: ¿Se te marchan muchos? Y me contestó: No, gracias a Dios, muy pocos.

Todo esto lo considero como una manifestación de su amor a la libertad personal, de su fe en los motivos sobrenaturales para perseverar en la vocación, y de una prudencia muy grande, que Dios bendecía con vocaciones fieles. Cuando alguno no perseveraba, recuerdo el dolor del Padre.

No obstante, sé que procuraba por todos los medios, con mucha oración y mucha penitencia, la fidelidad de sus hijos. En ocasiones, hizo viajes muy largos, en tercera clase de los trenes de entonces, y sin dinero ni para comer, porque debía ir a hablar personalmente con alguno que atravesaba dificultades. Sabía conjugar el respeto a la libertad con la *caridad* heroica por todos sus hijos.

PATERNIDAD Y FILIACIÓN EN EL OPUS DEI

Dada mi amistad con el Padre, iba algunas veces con él a Molinoviejo, que entonces no era todavía una Casa de retiros del Opus Dei. Allí pasábamos algunas horas, y tenía ocasión de ver la relación del Padre con sus hijos. Yo no identificaba muy bien a todos aquellos chicos, porque yo tenía más bien relación con el Padre, y no con ellos.

También alguna vez subí, en la residencia de Diego de León 14, al tercer piso, que era la zona donde estaban los estudiantes.

Yo, que conocía ya íntimamente a Josemaría y que sabía que era realmente un hombre de Dios, muy alegre siempre y que sabía querer, me sentía impresionado por el clima de cariño y de alegría de las relaciones del Padre con sus hijos. Él siempre les llamaba hijos; hablaba constantemente de ellos, diciendo *mis hijos.* Aquella impresión de santidad alegre que saqué de mi primera conversación con él, fue haciéndose más profunda a medida que se estrechaban nuestras relaciones.

REACCIÓN ANTE INCOMPRESIONES Y CALUMNIAS

Esta alegría constante suya estaba enraizada en un profundo *espíritu de mortificación.* Yo he comprobado muchas veces su heroica reacción sobrenatural ante el dolor que le producían las incomprensiones, difamaciones y calumnias de algunos.

Recuerdo que un día, al terminar mi clase, subí a su cuarto, que estaba junto al oratorio, y le encontré con mucha pena. Le dije: ¿qué te pasa? Me contestó: No he dormido en toda la noche; ha sido la noche más dolorosa de mi vida, porque han hecho unas denuncias de que somos masones. Yo le consolé con cariño, y el Padre me hacía notar que el posible motivo de la calumnia no podía ser más que la naturalidad con que vivían sus hijos, fieles corrientes y cuidadanos como los demás, que no pregonaban su dedicación interior a Dios en la Obra, entonces en gestación jurídica en la Iglesia.

Le consolé, dándome cuenta de lo terrible de aquella acusación en aquel momento. Hay que tener en cuenta que entonces, en la España de la postguerra, una acusación de comunismo o de masonería podía ser causa de grave juicio. Ahora es difícil darse cuenta de lo que significaban acusaciones de este estilo a una Institución; ahora quizá no significan nada, pero entonces eran causa de un desastre. Menos mal que había mucha gente a su favor, pero algunas personas propalaban esas y otras injustas acusaciones. El Padre tuvo que sufrir horrores, porque, en esas circunstancias, podrían cerrarle todos los Centros de la Obra y podría destruirse el claro querer de Dios.

ACTITUD DE ESPERANZA Y PERDÓN

Él tenía muchísima pena porque, cara a Dios, sabía lo que se jugaba. Tenía pena, pero no amargura, que son cosas distintas, porque le sostenía una fortísima *esperanza* en su Padre Dios. Solía recordar y aplicarse que el grano de trigo que muere siempre es fecundo, y cuando viene un vendaval, una persecución, se lleva el trigo, lo esparce y al cabo lo hace fecundo. Su fe y su esperanza sobrenaturales le hacían olvidarse por completo de su propia persona. Me consta que sólo le movía el afán de dar gloria a Dios, a quien ofrecía el sacrificio heroico de Abrahán, pidiéndole que destruyera la Obra, si no era para servir a Dios.

Entre otras cosas inexplicables, le acusaban también de protestantismo. Y otro motivo de difamación fue la Santa Cruz sin crucifijo que se veneraba y se venera a la entrada de algunos oratorios de la Obra, y que tan claro y profundo sentido le daba el Padre, explicando que servía de ascético recordatorio para abrazarse a la cruz de cada día y para unirse a Jesús crucificado en el trabajo y en la entrega.

En éstas y en otras circunstancias semejantes, jamás le vi una reacción de rencor. No era él hombre para eso, sino para comprender, perdonar y olvidar. Reaccionaba siempre sobrenaturalmente y con mucha *mansedumbre.* Sin embargo, le apenaban esas actitudes de algunos, porque de ninguna manera había motivo para esas campañas que hacían daño a las almas y sembraban la desunión en la Iglesia.

CON EL APOYO DE LA JERARQUÍA Y ÓRDENES RELIGIOSAS

Gracias a Dios que todos los Obispos, todos, se pusieron de su parte; especialmente le quería y le bendecía con predilección el Obispo de Madrid, don Leopoldo Eijo y Garay. El Padre me hablaba muchas veces de su gratitud a las Órdenes religiosas en España, sobre todo a la de los benedictinos y a la nuestra, que siempre le habíamos comprendido.

Nuestra Orden siempre le comprendió. Todos los dominicos siempre estuvimos a su favor. El P. Suárez, que fue General de la Orden, tenía por él mucha veneración y cariño. Yo, desde el primer momento en que conocí al Padre, estuve siempre con él; si alguien me hablaba mal, siempre le defendía, conocedor de la santidad de su vida; y también defendía a la Obra, porque me encantaba que tuviera ingenieros, médicos, abogados, etc., dedicados a la vida cristiana, a su propia santificación y a la santificación de los demás. Todos podíamos comprobar cómo el Padre actuaba siempre de un modo muy sobrenatural: no buscaba la gloria humana, sino que su acción procedía naturalmente de lo que llevaba dentro, y como lo que llevaba dentro era un gran amor a Dios y a todas las almas, eso es lo que salía. El verdadero espíritu de la Obra fue desde el comienzo promover la santificación personal a través del trabajo de cada uno.

El Padre tenía una *confianza en Dios* total en medio de tantas persecuciones. Él siempre tenía la seguridad —esto se lo he oído muchísimas veces— de que como la Obra es de Dios, saldría adelante. Como ha salido providencialmente adelante, es en efecto, como creía firmísimamente Josemaría, Obra de Dios: esto es una cosa clarísima.

Por aquel entonces surgieron distintos grupos apostólicos, algunos promovidos por sacerdotes seculares y otros por religiosos, que comenzaron a trabajar con muy buena voluntad con seglares, pero que después no han salido adelante, que yo sepa. El Padre se alegraba mucho y bendecía a Dios por el trabajo apostólico de todos. Siempre decía: mientras más personas haya que sirvan a Dios, mejor. De manera que jamás fue exclusivista.

AMBIENTE DE FAMILIA

Dentro de su caridad, de su celo infatigable por todas las almas, tenía un cariño paterno y un entrañable desvelo por sus hijos. Eran la niña de sus ojos. Los trataba con *fortaleza,* exigiéndoles para que fueran santos, pero con la familiaridad de un padre con sus hijos. A mí me sorprendía este modo de tratarles, sobre todo a aquellos miembros de la Obra que yo tenía en mucho, proque eran catedráticos: para él eran siempre y principalmente sus hijos. Era muy respetuoso con su libertad y les quería a todos muchísimo; es natural, porque al fin y al cabo eran sus hijos. Cuando alguna vez asistí a aquellas tertulias de familia —por ejemplo, una noche en Molinoviejo, frente a aquellas montañas—, veía con qué alegría trataba a todos y le decía a uno una cosa, y a otro otra, y siempre en un tono de familia. Con mucho cariño humano y sobrenatural me hablaba de lo que hacían sus hijos, incluso de las cosas más corrientes: recuerdo, cuando se arregló la ermita que está entre los pinares de Molinoviejo, con qué cariño de padre me decía: mis hijos han arreglado esto. Y lo mismo me dijo cuando estaban construyendo la Casa de retiros que el Opus Dei tiene en la provincia de Ávila.

Cuando murió Isidoro Zorzano, el Padre dio ejemplo de *fortaleza* cristiana. Su corazón de padre sentía la gran pena de la separación. Además, su preocupación por el trabajo apostólico que aguardaba le hacía encararse filialmente con el Señor, como intentando comprender por qué se llevaba a un hombre joven, que tanto podía servirle en la tierra. Pero inmediatamente aceptaba, sin reservas, la Voluntad de Dios, que humanamente no entendía, repitiendo una recia y viril jaculatoria: Hágase, cúmplase, sea alabada y eternamente ensalzada la justísima y amabilísima voluntad de Dios sobre todas las cosas. Amén. Y el Padre se quedaba contentísimo, también porque Isidoro Zorzano había muerto como un santo. Ya tenía un santo en el cielo. Él lo recordaba continuamente y me hablaba de su hijo, que había muerto.

EL AFECTO DE SUS HIJOS

Yo creo que todos los fundadores han tenido mucho cariño a sus hijos, y por lo tanto no me extrañaba que él lo tuviera. Pero me admiraba cómo toda la Obra era verdaderamente una familia unida, en la que él era el Padre.

Los miembros de la Obra le llamaban Padre, con verdadera veneración y cariño. Nunca Padre Escrivá. Pienso que eso significa mucho. Todos tenían esa misma impronta de cariño al Padre, de amor y de veneración hacia él: su paternidad espiritual les estimulaba a acercarse a Dios y a entregarse a Él.

Al mismo tiempo, les hacía ver que en una Obra de Dios, nadie era imprescindible, «ni siquiera yo, que soy el Fundador, hago ninguna falta», les explicaba gráficamente, animándoles a confiar únicamente en Dios.

PIEDAD Y FILIACIÓN DIVINA

Lo que fundamentaba su actividad era una vida de piedad honda, basada en la *filiación divina.* Hablaba mucho de oración; su oración personal se manifestaba en una *presencia de Dios* constante. Recuerdo especialmente la hondura y *piedad* con que celebraba la Santa Misa —yo he asistido en varias ocasiones—; la celebraba con intensidad de oración y pausadamente. Se veía con claridad que vivía cada una de las ceremonias, y que amaba hondamente el Santo Sacrificio, poniendo también amor en el cumplimiento fiel de cada rúbrica. Después de celebrar la Santa Misa, se quedaba siempre recogido en una íntima acción de gracias.

Las veces que yo comía con él, que fueron muchas, a lo largo de unos cuarenta años, siempre íbamos después al oratorio, y allí hacíamos la Visita al Santísimo Sacramento. Tenía un gran amor a Jesús en la Eucaristía.

En el comportamiento del Padre todo era manifestación de una vida interior muy intensa, y la vida interior —no hay que darle vueltas— es la fuente de la santidad. No me detengo en otros detalles, porque hasta en las cosas más pequeñas se traslucía con naturalidad su unión con Dios.

ALGUNAS DEVOCIONES

El Padre era muy devoto de la Virgen, mucho, mucho. Conservo su libro sobre el Santo Rosario, que es todo él una prueba viva de su devoción mariana; si no la hubiera tenido, no hubiera escrito ese libro lleno de una gran ternura con nuestra Madre. Recuerdo, por ejemplo, cómo contempla las letanías como piropos encendidos a la Virgen.

Repetía que sus tres primeros grandes amores eran Jesucristo, María y el Papa. Y verdaderamente era así, con sus obras. Su confianza en Dios, manifestación de fe y esperanza, era total: se veía en todas las circunstancias de su vida, hasta en las más pequeñas y ordinarias; y también, como he dicho antes, en las más duras y dolorosas.

Su confianza en Dios incluía el continuo recurso a la Virgen y a los Santos, y el trato amistoso con los Ángeles. A los Ángeles Custodios recurría concretamente —según me explicó—

como a unos aliados poderosos en el apostolado y para promover vocaciones a la Obra.

AMOR AL PAPA Y A LA JERARQUÍA

Su amor al Papa y a la Jerarquía ordinaria de la Iglesia era rendido, total, y le llevaba a extremos de confianza y de ponerse en las manos de Dios, a través de sus representantes en la tierra, verdaderamente heroicos. Recuerdo, por ejemplo, lo que me contó una vez con enorme alegría sobrenatural, y que me impresionó muchísimo. Me dijo que el día anterior estaba paseando por las afueras de Madrid con don Casimiro Morcillo, entonces Obispo auxiliar de Madrid. Era el período más álgido contra el Padre y contra el Opus Dei, porque había personas que no entendían su predicación infatigable —y llena de profundidad teológica— sobre la llamada universal a la santidad. Faltaban muchos años para el Concilio Vaticano II, que incluyó entre sus principales enseñanzas esa predicación del Padre, que ya se había abierto camino en todo el mundo. Esas personas habían llegado a acusarle de hereje al Santo Oficio. Mons. Morcillo, durante ese paseo, le dijo, como si se le escapase un secreto: «Veremos qué contesta el Santo Oficio.» El Padre le preguntó: «¿Qué tiene que contestar el Santo Oficio?» Morcillo, sorprendido y triste, repuso: «Pero, ¿no sabes que te han acusado como hereje?» La reacción del Padre fue instantánea: la alegría del alma le salía por todos los poros del cuerpo, mientras decía al Obispo Morcillo: «¡Qué alegría me das! ¡Que me han acusado al Santo Oficio! ¿Y qué me puede venir de mi Madre, la Santa Iglesia, sino el bien?»

Esta reacción me recordó a la de otro santo de mi tierra aragonesa, San José de Calasanz, que se durmió tranquilamente mientras le interrogaban los jueces de la Santa Inquisición; sólo que la del Padre Escrivá me pareció mucho más heroica.

VIRTUDES HUMANAS Y SOBRENATURALES

Era sumamente sencillo, comprensivo, sin respetos humanos, sereno, de una gran moderación en todo, generoso, magnánimo y atento a los detalles pequeños... Éstas y otras muchas virtudes humanas y sobrenaturales las comprobé, y en este testimonio las doy por supuestas en un hombre de su talla, de su generosa lucha ascética y de su espíritu sobrenatural. Fui testigo de la sinceridad de vida con que el Padre predicaba las virtudes, porque las vivía él mismo. Lo que predicaba lo vivía heroica y ejemplarmente. Todos los santos viven siempre lo que predican. Era patente y constante su *unidad de vida.*

Su *sencillez* y *humildad* le llevaban a desear pasar inadvertido y a considerarse sólo «un pobre pecador que amaba a Jesucristo»: ésta era la definición que solía dar de sí mismo. Nunca hizo alarde de nada. A mí siempre me chocó, aunque lo entendía, que no le hicieran Obispo o Cardenal. Yo esperaba que lo hicieran Cardenal, pero después he comprendido que no lo fuera, porque él no se preocupó de eso. Estoy seguro de que, si hubiera querido, le hubieran hecho Cardenal; estoy segurísimo porque tenía méritos más que suficientes para serlo.

Su modo de vivir la virtud de la *pobreza* fue siempre ejemplar y lleno de naturalidad. A la vez era *magnánimo.* Era un pobre que amaba y quería vivir la pobreza.

MORTIFICACIÓN Y PENITENCIA

De las mortificaciones personales que alimentaban su espíritu de *penitencia,* lógicamente, no me habló nunca; yo tampoco le preguntaba, como es natural, porque siempre he guardado discreción en esos temas que son una cosa sagrada. Sí que me habló alguna vez de mortificaciones y penitentencias concretas que sus hijos vivían con naturalidad, pero subrayando la importancia de las cosas aparentemente pequeñas. Un día me contó que uno, que era muy desordenado, le había pedido permiso para hacer una mortificación corporal especialmente dura ofreciéndola por una nueva vocación, y el padre le dijo: arregla primero tu armario, y después ya veremos.

Puedo dar testimonio del heroico espíritu de mortificación y penitencia con que sobrellevaba la injusticia de aquellas persecuciones a las que me he referido antes, y de la paciencia y alegría con que soportaba, sin dejarse abatir, los padecimientos físicos, las graves dolencias que padecía, sin que apenas nos diésemos cuenta los que le tratábamos tan de cerca. Me consta que predicó muchas veces, con fiebres muy altas, y sus palabras tenían más vibración sobrenatural, si cabe.

Fue también delicadísimo su modo de vivir la *castidad.* Mantuvo siempre una gran separación en el trato con mujeres, incluso con las de la Obra: las atendía siempre y sólo en el confesonario, nunca vivió en un Centro de la Sección de mujeres, y ni siquiera las acompañó en viaje alguno. Me dijo, una de las últimas veces que nos vimos, que toda su vida no había estado con una mujer a solas, en una habitación: si alguna vez, por motivos pastorales, fue necesario, siempre —sin ninguna excepción— había ordenado que la puerta quedara abierta, y con personas junto a la puerta.

AFÁN APOSTÓLICO

Como fruto de su amor a Dios y de su vida interior, tenía un incansable *celo por todas las almas.* A mí me impresionaba especialmente su apostolado con los sacerdotes diocesanos, y su amor por ellos, y el deseo de ayudarles. Predicó entonces por todas las diócesis de España; y hago notar que esta labor pastoral y apostólica la hacía sin ruido, sin llamar la atención. Ésta era una virtud muy suya: no hacer ruido. Él iba aquí o allá, incansablemente; a veces estaba un tiempo fuera, y al volver yo le preguntaba: ¿dónde has estado?, y entonces me contaba con sencillez estos trabajos suyos con los sacerdotes diocesanos. Para mí, éste era un enorme trabajo de mucho bien para las almas, porque ayudando a los sacerdotes se trabaja para todas las almas. En el Padre se destacaba siempre el amor a los sacerdotes diocesanos, y éstos le querían mucho, y también nosotros, los religiosos. Recuerdo el cariño y veneración que le tenía el P. Suárez, que fue General de mi Orden. El P. Suárez quería muchisimo a Josemaría, mucho, y todos nosotros, como he dicho antes.

UNA ALEGRÍA CONTINUA

Siempre era un consuelo hablar con él por su sentido sobrenatural, y porque siempre estaba alegre y con buen humor. Para mí ésta es una virtud muy distintiva suya. Era muy alegre. Una *alegría continua*, también en medio de las contradicciones, con hondas raíces sobrenaturales: él mismo me explicaba su alegría fundamentándola en el conocimiento profundo, que le había dado Dios, de la filiación divina: «Que estén tristes —decía— los que no se consideran hijos de Dios.» Muchas veces me decía: yo quiero que mis hijos sean muy alegres; y si no están alegres, que se marchen. Yo pienso que una de las características del Opus Dei es la alegría, como fruto del ejemplo del Padre. Recuerdo cuando iba por la residencia de Diego de León 14, en Madrid, con qué alegría me trataban sus hijos, a los que yo conocía; ellos me querían porque sabían que el Padre me quería. Esto, para mí, es muy importante.

Toda su alegría la veo yo como una manifestación de la gran *fidelidad* del Padre a Jesucristo y a su vocación. Además, sin esa alegría no hubiera sido fiel, no hubiera sido buen instrumento para hacer la Obra. Tengo para mí que sin esa alegría del Padre, la Obra, en otras manos, no hubiera salido adelante. Porque la alegría humana y sobrenatural es parte importante del espíritu del Opus Dei.

HUMILDAD DE INSTRUMENTO

Me hace entender mejor esa alegría sobrenatural su profunda humildad: porque la soberbia, aunque sea en grado mínimo, y la alegría son incompatibles. Josemaría pudo tener siempre, durante toda su vida —porque cuando yo le conocí, hace cerca de cuarenta años, ya se veía que esta virtud estaba muy arraigada en su alma—, esa inmensa alegría sobrenatural, porque era extraordinariamente humilde. Se consideraba un instrumento «pobre e inepto», como solía decir, en las manos de Dios. Sólo un pobre instrumento, que tuvo como meta de su vida orar y trabajar intensamente —para él, el trabajo también era oración, por su rectitud de intención, y porque me consta que lo hacía todo por amor de Dios— para y por la Trinidad Beatísima y la salvación de las almas; y, como lema, estas palabras: «Ocultarse y desaparecer, para que sólo Dios se luzca.» Este lema lo practicó siempre: no hablaba nunca de él, ni buscaba su lucimiento personal, sino que la gente amase más a Dios y a la Santa Iglesia. Esta conducta practicada de modo tan constante, sin fallos, y en medio de una predicación y de una vida tan activa, pienso que denota una humildad y un amor exclusivo a Dios, y a los hombres por Dios, verdaderamente heroico.

Pienso que, además de sus virtudes y de su fidelidad a la Voluntad de Dios, el temperamento del Padre, su modo de ser y su postura ante la vida, y sus privilegiadas cualidades naturales, formaban parte también de su vocación de instrumento de Dios para hacer el Opus Dei.

Su misión divina era precisamente trabajar por Dios en el mundo, acercar a Dios a la gente que vive en medio del mundo, y llevarlos por los caminos de la vida sobrenatural. Para esta tarea, él tenía que ser muy abierto, muy alegre; si no, hubiera fracasado completamente. No podía quedarse encogido: ¿cómo van a marchar detrás de un hombre encogido gente que vive en el mundo y debe santificarse en su trabajo? Es imposible. Dada la misión que Dios le había señalado de hacer posible la santificación a través de todos los trabajos humanos, tenía que ser así, como consecuencia de su abandono filial en Dios.

Por eso tengo tanto cariño al Padre, porque he visto que era un hombre santo y muy alegre, ya que, como dice Santa Teresa, un santo triste es un triste santo.

Yo veo toda su vida encuadrada heroica y alegremente en la misión que Dios le confió de formar a Cristo en las almas de los cristianos que viven en el mundo.

Madrid, 26 de agosto de 1976

FRAY SILVESTRE SANCHO MORALES, O.P.
Ex-Rector de la Universidad de Santo Tomás, de Manila, y Ex-provincial de la Provincia de Santo Rosario, de Filipinas.

ÍNDICE

Testimonios sobre el Fundador del Opus Dei

Testimonios publicados

1. Mons. José María García Lahiguera
2. Mons. Pedro Cantero Cuadrado
3. Card. José María Bueno Monreal
4. Mons. Enrique Delgado Gómez y
   Mons. Abilio del Campo y de la Bárcena
5. Mons. Juan Hervás Benet y
   P. Silvestre Sancho Morales, O. P.
6. Mons. José López Ortiz y
   Mons. Santos Moro Briz

